ück, dann du

Erst ich ein Stück, dann du

Patricia Schröder

3 Fußballgeschichten

Erst ich ein Stück, dann du

3 Fußballgeschichten

Patricia Schröder

mit Bildern von Elisabeth Holzhausen

cbj

FSC www.fsc.org
MIX
Papier | Fördert gute Waldnutzung
FSC® C010328

Penguin Random House Verlagsgruppe FSC® N001967

8. Auflage

Neumarkter Str. 28, 81673 München

Buchidee und Konzept: Patricia Schröder
Rätselseiten: Christine Lederer
Umschlagbild und Innenillustrationen: Elisabeth Holzhausen
Illustration Serienlogo: Ute Krause
Umschlaggestaltung: Anette Beckmann, Berlin
cl · Herstellung: UK/ChB
Satz: dtp im Verlag, CF/ChB
Reproduktion: ReproLine Mediateam, München
Druck: Alföldi Nyomda Zrt., Debrecen
ISBN: 978-3-570-15344-4
Printed in Hungary

www.cbj-verlag.de

Inhalt

Meuterei in Mippendorf

„Was ist los mit dir, Luis?“, fragte Udo Kawuppke in der Trainingspause. „Warum zögerst du plötzlich so lange, ehe du schießt? Ich habe fast das Gefühl, du willst den Ball ins Tor tragen.“

Luis saß zwischen seinen Mannschaftskameraden im Gras und zuckte mit den Schultern.

Samuel linste zu ihm rüber. Luis wirkte viel dünner und blasser als sonst. Das musste Wuppi, wie die Jungs des SV Mippendorf ihren Trainer nannten, doch eigentlich auch aufgefallen sein.

„Also, gleich im Trainingspiel will ich wieder unseren alten Power-Stürmer sehen“, sagte er jetzt, während er Luis aufmunternd durch die Haare wuschelte. „Es wäre doch gelacht, wenn wir die Turbinen am Samstag nicht schlagen!“

Luis nahm einen Schluck
aus seiner Trinkflasche.
„Ja klar“, sagte er.
„Das schaffen wir.“

Samuel fand nicht, dass es sich besonders zuversichtlich anhörte, doch Udo Kawuppke schien mit Luis' Antwort zufrieden zu sein.
„Na, dann mal los!“, rief er. „Anton, holst du bitte die Leibchen? Sie liegen noch im Umkleideraum. Inzwischen schießen wir unseren Torwart ein bisschen ein.“
Kevin sprang sofort auf. Er war ein guter Keeper und seine Mannschaftskameraden und der Trainer waren mächtig stolz auf ihn. Bei seiner Länge und mit seiner Sprungkraft hielt Kevin fast jeden Ball. Außerdem hatte er einen guten Überblick. Er wusste genau, wann es besser war, im Tor stehen zu bleiben, und wann er herausrennen musste, um einen Treffer des Gegners abzuwehren.

Kevin stellte sich mitten ins Tor
und stützte sich
auf den Oberschenkeln ab.
Er behielt jeden Schützen fest im Auge.
Samuel war als Erster dran.
Er schoss selten aus dem Stand.

Meistens lief er mit dem Ball vor den Füßen im Sechzehnmeterraum herum und versuchte, in einem Moment abzuziehen, in dem Kevin am wenigsten damit rechnete. Es klappte nicht immer, genau genommen klappte es sogar fast nie.

Kevin war einfach zu gut.
Und manchmal schoss Samuel
auch daneben.

„Sami!“, brüllte Udo Kawuppke jetzt. „Mach nicht wieder solche Faxen. Leg dir den Ball zurecht und versuche bitte, genau in eine Ecke zu zielen. Das hier ist schließlich kein Spiel, sondern Torwarttraining.“

„Ja, ja.“ Murrend ergriff Samuel den Ball und platzierte ihn auf der Strafraumlinie. Er nahm drei Schritte Anlauf, peilte die obere linke Ecke an und schoss. Kevin hob sofort in die richtige Richtung ab. Er streckte seinen rechten Arm aus, griff mit dem linken über und wehrte den Ball mit beiden Händen ab.

Samuel fluchte leise und stellte sich hinter Mikko an. Vielleicht kam er ja noch ein zweites Mal zum Schuss und dann würde er nicht auf seinen Trainer hören.

Wuppi klatschte in die Hände. „Gut gemacht, Kevin!“, rief er und winkte Benno zu. „Gleich weiterspielen. Kevin muss immer in Bewegung bleiben.“

Benno fackelte nicht lange,
sondern zog sofort ab.
Der Schuss war knallhart
und diesmal landete der Ball
in der rechten unteren Ecke.

Er hatte nicht mal Kevins Fingerspitzen berührt. „Das war super, Benno", lobte der Trainer. „Vielleicht sollten wir am Samstag zur Abwechslung mal mit zwei Sturmspitzen spielen", meinte er und warf einen Seitenblick auf Luis. „Am besten, wir probieren das jetzt gleich mal aus."
Udo Kawuppke teilte die Jungen in zwei Teams zu je sechs Spielern plus Torwart ein. Im Sturm traten nun Benno und Luis gemeinsam gegen Samuels Mannschaft an und mussten auf Kevins Tor spielen.
Inzwischen war auch Anton mit den Leibchen zurück.

Er hatte sich sehr beeilt
und war jetzt ganz schön aus der Puste.
„Du spielst in Samis Mannschaft",
entschied Wuppi.
Ja klar, dachte Samuel wütend.
Wie immer!

Eigentlich war Anton kein schlechter Spieler. Wenn er einen guten Tag hatte, stand er wie eine Eins in der Abwehr und ließ keinen an sich vorbei. Das Problem war nur: Anton hatte selten gute Tage. Er brauchte sehr viel Ansporn, damit er richtig in Fahrt kam. Doch leider hatte Udo Kawuppke vor allem Augen für seine Stars.

Und die hießen Kevin und Luis.

„Hör zu, Anton", raunte Samuel seinem Mannschaftskameraden zu. „Wir geben alles und versuchen, sie zu schlagen."
„Das bringt doch nichts", sagte Ivan, während er sich sein Leibchen überzog. „Wuppi will, dass Benno und Luis Tore schießen und Kevin versucht, ihre Bälle zu halten. Ob Anton gute Manndeckung macht oder

einer von uns einen Treffer erzielt, interessiert ihn doch gar nicht.“

„Und?“, schnaufte Samuel leise. „Findest du das gut?“

„Nein“, sagte Ivan.
„Aber Wuppi ist unser Trainer.
Wir müssen auf ihn hören.

Einen anderen haben wir schließlich nicht.“
„Ich will auch keinen anderen“, gab Sami zurück.
Im Grunde war Wuppi sehr in Ordnung. Solange kein Spiel anstand, machte das Training bei ihm richtig Spaß. Es war abwechslungsreich, und obwohl Udo Kawuppke viel von seinen Jungs forderte, war es nie zu anstrengend. Immer hatte der Trainer ein aufmunterndes Wort auf den Lippen. Außerdem veranstaltete er oft Ausflüge, Zeltnächte und Grillnachmittage mit seinen Jungs, was die Mannschaft noch umso mehr zusammenschweißte und ihren Teamgeist stärkte.

Samuel hatte viel von Wuppi gelernt.
Er mochte ihn wirklich gern.
Aber leider war der Trainer
vor jedem neuen Spiel wie umgewandelt.
Dann zählten plötzlich nur noch
Luis, Kevin und der Sieg der Mannschaft.

„Sami? Anton? Ivan?“, rief er jetzt. „Seid ihr endlich so weit?“
Erschrocken blickten die drei Jungen aufs Spielfeld. Alle anderen hatten sich längst auf ihre Positionen begeben.
„Anton, du gehst auf die linke Seite und hältst Luis in Schach“, bestimmte Udo Kawuppke.
„Aber …“, wollte Samuel erwidern, doch da blies Wuppi bereits in seine Trillerpfeife und das Trainingsspiel begann.
Anton, der noch immer ein wenig außer Atem war, rannte sich auf dem linken Flügel fast die Lunge aus dem Hals, trotzdem gelang es ihm nicht, den schnellen und wendigen Luis zu stoppen. Dem klebte der Ball geradezu am Fuß. Ganze fünf Mal tänzelte er Anton auf diese Weise aus, erzielte allerdings keinen einzigen Treffer. Entweder fischte Kevin den Ball ab,

bevor dieser ins Netz flog, oder Luis schoss an einem der Pfosten vorbei.
„Verdammt noch mal, Luis!“, tobte Udo Kawuppke. „Warum passt du nicht zu Benno rüber? Ihr spielt mit zwei Spitzen. Hast du das kapiert?“

Luis nickte betreten.
Kevin schoss den Ball
in hohem Bogen zu Ivan.
Der fing ihn mit der Brust ab
und flankte ihn zu Mikko.
Mikko rannte los.

Er zog an Luis' Hintermannschaft vorbei, trickste Fredi aus und sah, dass Samuel völlig frei stand.
„Lauf los!“, rief Mikko ihm zu, und noch ehe Fredi und die anderen kapierten, was abging, war der Ball schon wieder hoch in der Luft.
Mikko hatte ihn genau in Samuels Lauf gepasst, und der donnerte ihn nun mit Karacho ins Netz.

„Tor! Tor! Tor!“,
jubelten Anton und Ivan.
Mikko und Samuel grinsten
und reckten ihre Daumen in die Luft.
Super gemacht, sollte das heißen.

Doch von ihrem Trainer ernteten sie für ihr gutes Zusammenspiel kein Lob. Wuppi tobte am Spielfeldrand auf und ab und spornte ausschließlich Luis und Benno an. Erst nachdem die beiden jeweils ein Tor gemacht hatten, beruhigte er sich allmählich wieder. Wirklich zufrieden mit der Leistung seiner Superstürmer war er allerdings nicht.
„Das muss am Samstag viel besser laufen“, ermahnte er die beiden Jungen, als das Trainingsspiel zu Ende war und sie zu den Umkleideräumen liefen. „Ich verlasse mich auf euch“, sagte er eindringlich. „Wenn wir das Spiel gegen Turbine Lilienthal verlieren, können wir den Aufstieg vergessen.“

„Ich möchte gar nicht aufsteigen“,
sagte Luis auf dem Heimweg zu Samuel.
Sami sah ihn erstaunt an.
„Warum denn nicht?“

„Weil es dann noch stressiger wird", erwiderte Luis und hieb mit der Faust auf seine Sporttasche ein, die er auf den Lenker seines Fahrrads gestellt hatte. „Wuppi ist doch sowieso nie zufrieden."
„Wieso?", erwiderte Samuel. „Du bist doch gut dran. Immerhin bist du sein Liebling."
„Das ist es ja gerade!", rief Luis. „Glaubst du, das macht mir Spaß?"
Samuel musterte seinen Freund nachdenklich von der Seite.
„Kevin findet es okay", meinte er schließlich.
„Na ja." Luis gab seinem Fahrrad einen Schubs und die Sporttasche segelte zu Boden. „Für Kevin gibt es ja auch keinen Ersatz. Du wärst allerdings ein ebenso guter Stürmer wie ich."
Samuels Herz fing an zu hüpfen. Er war froh, dass Luis das so sah.

„Wuppi lässt mich aber nicht im Sturm spielen", erwiderte er. „Sollen wir wetten?"

„Das brauchen wir gar nicht“, brummte Luis. Genau wie Samuel hatte er sein Fahrrad gestoppt. Nun bockte er es auf, ergriff seine Sporttasche und klemmte sie auf den Gepäckträger. „Er stellt dich nie und nimmer neben mich. Dabei könnten wir uns so gut gegenseitig die Bälle zuspielen.“
Samuel seufzte leise. „Mit Mikko, Ivan und Benno im Mittelfeld und Anton und Fredi in der Abwehr wären wir garantiert unschlagbar“, sagte er. „Selbst die Lilienthaler hätten keine Chance gegen uns.“
„Du hast recht“, pflichtete Luis ihm bei. „Benno ist einfach kein Stürmer. Der schießt am besten aus dem Stand. Deshalb will ich den Ball auch nicht an ihn abgeben. Ich weiß doch, dass er dann verloren ist.“
„Vielleicht sollten wir mit Wuppi darüber reden“, schlug Samuel vor.

„Ach Quatsch!“ Luis winkte ab.
„Auf uns hört er nie und nimmer!
Für ihn sind wir bloß Kinder.“

„Und wenn wir unsere Eltern bitten würden?“, begann Samuel. „Die sind doch erwachsen. Und mein Vater findet auch …“
Doch Luis ließ ihn nicht ausreden. „Für das Spiel

gegen Lilienthal ist das zu spät“, sagte er kopfschüttelnd. „Garantiert kriegen wir eine Packung, die sich gewaschen hat. Und hinterher dann noch eine Gardinenpredigt von Wuppi. Aber ich schwöre dir: Wenn es wirklich so weit kommt, hau ich in den Sack“, fügte Luis voller Zorn hinzu. „Dann wechsel ich den Verein.“

Samuel sah seinen Freund erschrocken an. „Das kannst du nicht machen!“, rief er. „Ohne dich sind wir doch nur noch halb so viel wert.“

„Jetzt fang du auch noch an“, knurrte Luis. „Dabei solltest du dich eigentlich freuen. Wenn ich weg bin, kannst du Wuppi nämlich endlich zeigen, was in dir steckt.“

Als Samuel abends im Bett lag,
bekam er kein Auge zu.
Immer wieder musste er an Luis denken,
und an das, was der gesagt hatte.

Inzwischen tat es Samuel leid, dass er seinen Freund ebenfalls unter Druck gesetzt hatte. Aber er wollte auf keinen Fall, dass Luis die Mannschaft verließ. Und wenn er sich selber dann noch so gut als Stürmer hervortun konnte! Nein, für das Problem, das sie mit ihrem Trainer hatten, und für das Spiel gegen Lilienthal musste es eine andere Lösung geben.

Und Samuel hatte auch schon eine Idee.

Gleich am nächsten Tag, als er aus der Schule heimkam, startete er eine Telefonkette. „Um halb drei im Stadtpark“, schärfte er Anton ein. „Es gibt etwas Wichtiges zu besprechen. „Alle müssen kommen!“
Von den Nudeln mit Schinkensoße, die seine Mutter zu Mittag gekocht hatte, bekam er kaum etwas herunter. Samuel war viel zu aufgeregt. Hoffentlich konnte er seine Mannschaftskameraden von seiner Idee überzeugen. Gleich nachdem er seine Hausaufgaben erledigt hatte, schnappte er sich seinen Ball und radelte los.

Bis zum Stadtpark war es nicht weit.
Mikko und Anton warteten bereits
auf der großen Wiese.
Nach und nach trudelten
auch alle anderen ein.
„Was gibt es denn so Wichtiges?“,
wollte Ivan wissen.

„Es geht um das Spiel morgen Nachmittag“, sagte Samuel, und dann berichtete er von seinem Plan.
Luis, Benno, Mikko und die anderen lauschten angespannt. Danach herrschte eine Weile Schweigen.
„Das kannst du vergessen“, sagte Ivan schließlich und trat mit voller Wucht gegen Samuels Ball. Er beschrieb einen hohen Bogen und landete mitten in einem Blumenbeet.
„Er hat recht“, meinte Benno. „Wenn wir das machen, wird Wuppi garantiert durchdrehen. Mit ein bisschen Pech sind wir hinterher unseren Trainer los.“

Samuel nickte. „Ihn oder Luis.
Was ist euch denn lieber?“,
fragte er mit klopfendem Herzen.
„Weder Luis noch Wuppi“, sagte Mikko.
„Ich möchte beide behalten.
Wir dürfen morgen eben nicht verlieren“,

setzte er nachdrücklich hinzu und ballte entschlossen die Fäuste.
„Also gut“, gab Samuel nach und setzte sogleich zu einem neuen Vorschlag an. „Wie wäre es, wenn wir die erste Halbzeit für Wuppi spielen? Wir geben unser Bestes, aber wenn das nicht reicht …“
„… geht die zweite Halbzeit auf uns und Luis“, führte Kevin den Satz zu Ende.

Die Jungen sahen sich an.
„Volles Risiko?“, fragte Samuel.
„Ich finde die Idee gut“, sagte Luis.
„Einverstanden“, sagte auch Ivan.
Die Jungen schlugen ein.
Die Sache war abgemacht!

Ivan spurtete los und fischte Samuels Ball aus dem Blumenbeet.
Luis und Benno steckten das Spielfeld ab, Kevin und Anton markierten mit ihren Jacken die Tore. Und dann startete die E-Jugend-Mannschaft des SV Mippendorf ihr ganz spezielles Übungsspiel. Alles lief genau so, wie Samuel es sich vorgestellt hatte. Die Jungen kickten wie die Profis. Und als sie sich eine Stunde später erschöpft ins Gras fallen ließen, waren sich alle einig:

Turbine Lilienthal war zu schlagen!
Samuel ging glücklich ins Bett.
Er schlief sofort ein
und träumte von einem grandiosen Sieg.

Samstagnachmittag, als die Mannschaft sich in ihren roten Trikots zur Vorbesprechung im Vereinshaus einfand, schlug Samuels Stimmung sofort wieder um. Udo Kawuppke war so schlecht gelaunt wie schon lange nicht mehr. Er nahm Benno und Luis zur Seite und erklärte ihnen an einer Tafel ein paar neue Spielzüge. Samuel, Anton und die anderen saßen auf der Garderobenbank und sahen beklommen zu.
„Das klappt so nicht“, murmelte Samuel. „Das kann gar nicht klappen. Die Lilienthaler haben blitzschnelle Abwehrspieler. Benno ist einfach nicht wendig genug.“
„Vielleicht können wir ja einen Freistoß herausspielen“, meinte Ivan hoffnungsvoll. Und den donnert Benno ihnen dann in den Kasten.“
„Schön wär's“, murmelte Mikko. „Ich glaube an gar nichts mehr.“

„Lasst jetzt bloß nicht den Kopf hängen“,
raunte Samuel seinen Freunden zu.
„Wir machen es so,
wie wir es gestern beschlossen haben.
Wir geben unser Bestes.“

Udo Kawuppke war so auf seine beiden Spitzenstürmer konzentriert, dass er nichts von dem Getuschel der Jungen mitbekam.
„Ich verlasse mich auf euch“, beschwor er Luis und Benno. „Heute hängt alles davon ab, dass ihr das umsetzt, was ich euch eben erklärt habe.“
„Aye Aye, Sir“, sagte Luis, schlug die Hacken zusammen und legte die Handkante an die Stirn.
Die Miene des Trainers verfinsterte sich zusehends. „Ich kann dir nur raten, die Sache ernst zu nehmen“, wies er Luis zurecht. „Mannschaft und Trainer gehören zusammen“, sagte er zu allen. „Wir sind ein Team. Jeder einzelne ist wichtig und sollte seinen Platz so ausfüllen, dass das gemeinsam gesteckte Ziel erreicht werden kann. Habt ihr das verstanden?“

Die Jungen nickten beklommen.
„War das ein Ja?“, fragte Wuppi.
„Ja“, antwortete seine Mannschaft.
„Geht das auch lauter?“, fragte Wuppi.
„Jaaa!“, brüllten die Jungen
und reckten ihre Fäuste in die Luft.
Auf einmal fühlten sie sich richtig stark.

Trotzdem verlief die erste Halbzeit nicht so, wie Udo Kawuppke es sich vorgestellt hatte, und auch nicht, wie Samuel und seine Mannschaftskameraden es sich erhofft hatten. Die blau-weißen Lilienthaler waren einfach zu stark. Gleich in der dritten Minute erzielten sie ihr erstes Tor. Der dunkelhaarige Lukas stürmte einfach an Anton vorbei, so als ob er nichts weiter als ein Halm im Spielfeldrasen wäre, und donnerte den Ball ins Netz.

Unhaltbar für Kevin.
Der fluchte und schimpfte.
Udo Kawuppke tobte.

Samuel schielte zu seinen Eltern hinüber, die wie immer im Publikum standen und ihn und seine Mannschaftskameraden nach Leibeskräften anfeuerten.
„Weiter!“, rief sein Vater. „Ihr habt noch alle Chancen!“
Auch die Eltern, Großeltern und Geschwister der anderen Mippendorfer Spieler jubelten ihrem Team zu.
Ivan hatte sich gerade den Ball, den er an einen Blau-Weißen verloren hatte, wieder zurückerkämpft. Er

flankte ihn quer über die Mittellinie und zwischen zwei Lilienthalern hindurch zu Luis hinüber.

Luis preschte voran.
Der Ball klebte an seinen Füßen.
Aber die Blau-Weißen schliefen nicht
und nahmen Luis mächtig in die Zange.
„Gib ab!“, brüllte Wuppi.

Er deutete auf Benno, der über die linke Seite mitgelaufen war. Samuel sah, dass Luis zögerte. Denn nicht nur er, sondern auch Benno wurde arg bedrängt. Trotzdem spielte Luis ab. Der Ball rollte genau vor Bennos Füße.
„Los, schieß!“, riefen Samuel und Mikko wie aus einem Mund.

Benno stoppte und holte aus.
Da rauschte ein Blau-Weißer heran
und kickte ihm den Ball vor der Nase weg.

„Verdammt noch mal, Benno, du darfst doch nicht stehen bleiben!“, schrie Udo Kawuppke, der am Spielfeldrand auf und ab lief und sich die Haare raufte. Kurz darauf fiel das zweite Tor für Lilienthal und eine Viertelstunde später das dritte. Samuel, Luis und ihre Mannschaftskameraden waren der Verzweiflung nahe. Aber ihre Familien spornten sie weiterhin mit Schlachtrufen an, und so versuchten Luis und Benno es noch einmal mit einer Kombination.

Diesmal blieb Benno nicht stehen.
Noch im Lauf trat er nach dem Ball.
Doch der flog fast vier Meter weit
am Tor vorbei.
Jetzt hatte Samuel endgültig genug.

Während eines Lilienthaler Konters versuchte er in Bennos Nähe zu kommen. „Schluss jetzt!“, zischte er ihm zu. „Wir tauschen die Positionen.“

Benno ließ sich sofort ins Mittelfeld zurückfallen. Unterdessen verhinderte Ivan das 4:0 für Lilienthal, indem er Lukas den Ball abjagte und ins Seitenaus schoss.
„Was macht ihr denn da?“, schrie Udo Kawuppke. „Benno, geh sofort auf deinen Platz zurück!“
„Nicht hinhören“, raunte Samuel seinen Kameraden zu. „Wir ziehen jetzt unser eigenes Spiel durch.“

Ein Blau-Weißer warf den Ball ein.
Mikko spurtete los.
Hinter der Mittellinie passte er zu Ivan.

Luis rannte über den linken Flügel in Richtung Tor, Benno blieb im rechten Mittelfeld zurück. Augenblicklich hefteten sich die Abwehrspieler der Blau-Weißen an ihre Fersen. Kein Lilienthaler achtete auf Samuel, der sich nun freilaufen konnte. Luis tanzte seinen Manndecker aus und flankte den Ball in den Sechzehnmeterraum.
„Was soll denn das?", brüllte Udo Kawuppke. „Da ist doch keiner!"
Irrtum, dachte Samuel und gab noch einmal richtig Stoff. Er erreichte den Ball einen Schritt vor einem Blau-Weißen und donnerte ihn mit Karacho in die rechte obere Ecke.

„Tor!", brüllte Mikko.
„Tooor!", jubelten auch die Zuschauer.
Luis und Samuel fielen sich in die Arme.

Nur Wuppi stand wie angewachsen am Spielfeldrand. Stumm sah er mit an, wie auch Anton und Ivan die Positionen tauschten und Anton einen Alleingang des Lilienthaler Spitzenstürmers verhinderte.
Die Blau-Weißen kamen nun vollkommen aus dem Konzept. Sie machten einen Fehlpass nach dem anderen, und als Samuel ein weiteres Mal auf das Tor

zustürmen wollte, zog ein Lilienthaler kurzerhand die Notbremse und streckte ihn im Strafraum nieder. „Foul!“, brüllten die Zuschauer. Im selben Moment ertönte auch schon der Pfiff des Schiedsrichters. – Elfmeter für Mippendorf!

Benno legte sich den Ball zurecht.
Da wurde Wuppi wieder wach.
„Luis!“, brüllte er. „Luis soll schießen!“
Aber niemand hörte auf ihn.

Benno machte nur einen Schritt zurück. Alle hielten den Atem an. Der Schiedsrichter blies in seine Pfeife und Benno trat gegen den Ball.

Gerade mal einen halben Meter über dem Boden sauste er genau auf den Torwart zu. Doch der war bereits auf dem Flug in die linke Ecke.

Der Ball hatte freie Bahn.
und landete mitten im Netz.
Alle sprangen laut jubelnd in die Luft.
Dann schrillte der Halbzeitpfiff.
Es stand nur noch 4 zu 2 für Lilienthal.

Samuel blickte zu Udo Kawuppke hinüber, der mit verkniffenem Gesicht am Spielfeldrand stand. Langsam trotteten die Mippendorfer auf ihn zu.

„Das habt ihr super gemacht!“, rief Samuels Vater. Er kam herübergelaufen und klopfte den beiden Torschützen auf die Schulter. „Es war ein gute Idee von Ihnen, die Mannschaft umzustellen“, sagte er zum Trainer.

Wuppi schüttelte den Kopf. „Das ist gar nicht auf meinem Mist gewachsen“, erwiderte er finster. „Leider …“

„Bist du jetzt sehr sauer?“, fragte Ivan stockend.

„Allerdings“, knurrte Udo Kawuppke. „Und zwar auf mich. Denn ich habe weder

gesehen, wie gut Samuel und Luis zusammenspielen können, noch wo Bennos Talente liegen, oder dass Anton in der hinteren Mitte einfach am besten aufgehoben ist. Das sind ziemlich viele Fehler auf einmal gewesen", fuhr er zerknirscht fort. „Gut, dass ihr zum Schluss nicht mehr auf mich gehört habt. Jetzt werdet ihr euch wohl einen neuen Trainer suchen wollen …"
Samuel und seine Mannschaftskameraden sahen Wuppi erschrocken an.

„Nein!", rief Samuel.
„Wir wollen dich behalten!
Nur gemeinsam sind wir stark.
Das haben wir doch von dir gelernt."

Der Trainer lächelte zaghaft. „Und ausgerechnet ich habe mich nicht daran gehalten", sagte er. „Das tut mir sehr leid."
„Schon okay", meinte Luis, und die übrigen Mippendorfer Spieler nickten zustimmend. Samuel fiel ein Riesenstein vom Herzen. Er war sehr froh darüber, dass Wuppi nicht ernsthaft sauer auf das Team war. Denn eigentlich mussten die Spieler doch auf ihren Trainer hören. Und in Zukunft würden sie das ganz sicher auch wieder tun.

Jetzt hieß es aber erst mal: verschnaufen, Durst löschen und das Spiel zu Ende bringen. Wuppi hatte noch ein paar gute Tipps für Ivan, Mikko und die Abwehrriege auf Lager und so stürmte die Mannschaft nach der Halbzeitpause voller Tatendrang auf das Spielfeld zurück.

Nach drei Minuten schoss Luis ein Tor und kurz darauf erzielte Samuel einen weiteren Treffer. Das Publikum tobte.

Zum Schluss ballerte auch Mikko
den Ball noch mal ins Netz.
Die Lilienthaler sahen keine Sonne mehr.
Mippendorf gewann mit 5 zu 4.
Jubelnd fielen die Jungen sich in die Arme.
Das war der schönste Sieg aller Zeiten!

Verzwickte Fußball-Wörter

Ordne die Buchstaben richtig ein! Welcher Fußballspieler wird hier gesucht? Die Lösung findest du, wenn du die Buchstaben in den Kreisen in die richtigen Worte einsetzt.

AN_RIFF

T_RJÄGER

ELF_ETER

PFOST_N

_USCHAUER

M

Z

G

O

E

Der verstoßene Fußball

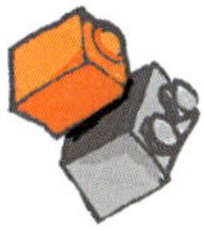

Heute hat Noah besonders viele Hausaufgaben auf, und deshalb muss ich leider auch besonders lange darauf warten, dass es endlich raus an die frische Luft geht. Im Moment liege ich auf dem blauen Teppichboden in seinem Zimmer zwischen einer eingestürzten Legoburg und einer aufgeschlagenen Fußballzeitschrift.
Die Legoburg interessiert mich nicht weiter. Okay, bis gestern Abend hat sie noch ziemlich cool ausgesehen und Noah hat auch eine ganze Weile mit ihr gespielt. Aber dann hat Lothar angerufen und gesagt, dass das Freundschaftsspiel gegen Wolfhagen ausfällt, weil der Rasen vom vielen Regen in den letzten Tagen zu matschig geworden ist.

Noah spielt bei Nübbel 05.
Lothar ist der Mannschaftstrainer.
Er ist ziemlich nett
und hat immer
einen lustigen Spruch auf Lager.

„Dort kann man eine Schlammschlacht veranstalten, aber kein Fußballspiel“, hat er gestern Abend am Telefon gesagt und über seinen eigenen Witz gelacht.
Noah hat das allerdings gar nicht lustig gefunden. Schließlich hat er sich schon die ganze Woche auf dieses Spiel gefreut. Voller Wut ist er in sein Zimmer gerannt und hat die Tür hinter sich zugeknallt. Dann hat er mich gepackt und mit voller Wucht in seine Legoburg geschmettert.
Es hat mächtig gekracht. Die bunten Steine haben kleine Dellen in meine Lederhaut gedrückt und sind kreuz und quer durch die Luft geflogen.

„Ganz schön blöd“, habe ich gesagt.
„Jetzt ist die Burg kaputt.“

Aber Noah hat mich nur dumm angeglotzt – wie immer, wenn ich mit ihm rede. „Außerdem hat es ziemlich wehgetan“, habe ich ihm vorgeworfen, doch auch das hat ihn nicht gekümmert.

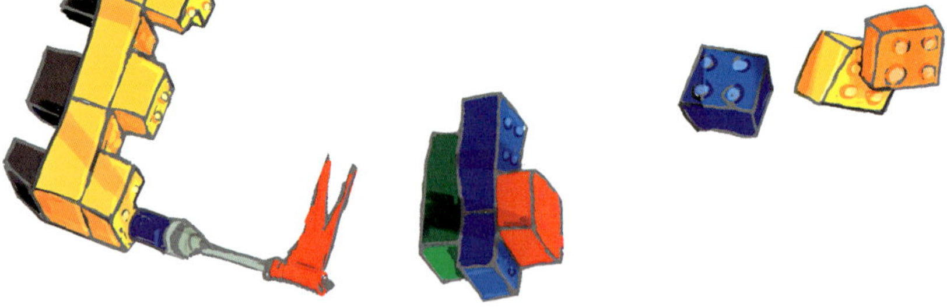

Natürlich ist es auch nicht ganz schmerzfrei, wenn er mich mit voller Wucht gegen die Garagenwand drischt. Aber das muss ein Fußball aushalten können. Dazu ist er schließlich da.

„Bist du bald fertig?“, frage ich jetzt.
Noah stöhnt leise, sagt aber nichts.
Ich sehe zum Fenster hinüber.
Die Scheibe ist ganz trocken.
Heute regnet es nicht.

Super Aussichten für unser Ein-Mann-ein-Ball-Training. Wenn meine Haut trocken ist, habe ich einfach mehr Sprungkraft. Außerdem ist es ziemlich anstrengend, durch Pfützen zu rollen.
„Hallo, Noah!“, rufe ich also ungeduldig. „Lass uns endlich raus auf den Garagenplatz gehen. Deine Hausaufgaben kannst du doch auch nach dem Abendessen fertig machen.“
Tatsächlich klappt Noah seine Lesefibel zu. Er schüttelt den Kopf und stöhnt noch einmal.
„Wozu habe ich eigentlich die ganze Woche trainiert?“, schimpft er.

„Doch nur, um gegen die Wolfhagener ein gutes Spiel zu machen."

„Das stimmt nicht", erwidere ich.
„Du trainierst, weil es dir Spaß macht."
Fußball ist nämlich Noahs Leben.
Und meins auch!

„Und dann ist plötzlich der Platz zu nass!", wettert Noah weiter. „Pah! Dass ich nicht lache! Das sind doch alles Weicheier, diese Wolfhagener. Die haben ja bloß Angst, dass wir sie besiegen."
„Warum rufst du nicht einfach Kevin und Dennis an?", schlage ich vor. „Dann könntet ihr zusammen auf der großen Wiese am See kicken. Das trainiert und macht Spaß."
Noah stopft seine Schulsachen in den Ranzen und dreht sich zu mir um.
„Weißt du was?", sagt er. „Ich glaube, wir gucken mal bei Kevin vorbei. Vielleicht hat er Lust, eine Runde zu kicken."
Na, wer sagt's denn! Vor Freude würde ich am liebsten auf- und abtitschen. Aber so ganz von allein krieg ich einfach keinen Schwung drauf.

Noah schlüpft in seine Noppenschuhe.
Er packt mich und grinst mich an.
„Hallo, Kumpel!“, sagt er
und wirft mich in die Luft.
Ich knalle gegen die Zimmerdecke.
Klatsch! Bumm! Autsch!

Noah fängt mich mit seinem Fuß auf und katapultiert mich in seine Hände. Sie fühlen sich warm und weich an. Ich kuschele mich hinein und lasse es mir gutgehen.

„Weißt du was, Kumpel?“, sagt Noah, nachdem er die Haustür hinter sich zugezogen hat. „Wir nehmen das Fahrrad. Erstens sind wir so schneller und zweitens könnten wir vielleicht noch zum See runterradeln.“

„Gute Idee!“, sage ich.

Die Sache hat allerdings auch einen Nachteil: Wenn wir mit dem Fahrrad unterwegs sind, klemmt Noah mich immer unter den Gepäckträger, und davon bekomme ich noch schlimmere Dellen als von

den Legosteinen. Aber was erträgt man nicht alles für seinen besten Kumpel! Zum Glück ist es bis zu Kevin nicht weit. Er wohnt nur zwei Querstraßen entfernt.

Noah gibt mächtig Gas
und in null Komma nix sind wir da.

Kevin sitzt auf der Mauer vom Spielplatz und langweilt sich.
„Hey!“, ruft er und kommt auf uns zugelaufen. „Du hast ja deinen Ball dabei! Sollen wir zum See fahren und dort ’ne Runde kicken? Vielleicht hat Dennis ja auch Lust.“
Na, das nenne ich Gedankenübertragung!

Kevin rennt ins Haus
und telefoniert mit Dennis.
Dann holt er sein Fahrrad aus dem Keller.

„Dennis kommt direkt zum See“, sagt er. „Wer zuerst dort ist, hat gewonnen.“

Noah und Dennis treten mächtig in die Pedalen. Wie die Raketen sausen sie den Feldweg entlang. Mit Karacho geht es über Hubbel hinweg und durch Schlaglöcher hindurch. Als wir ein paar Minuten später endlich den See erreichen, schmerzt meine Lederhaut genauso sehr wie Noahs Hintern.
Dennis ist bereits da. Er hockt auf einem dicken Baumstamm. Sein Fahrrad hat er daneben ins Gras gelegt.

„Gewonnen“, sagt er und grinst frech.
„Na und?“, brummt Noah.

Er kann es nicht leiden, wenn er verliert. Deshalb trainiert er auch meistens ganz für sich allein auf dem Garagenplatz. Dort stellt er bunte Hütchen auf, um die er herumdribbeln muss. Später balanciert er mich auf den Knien oder donnert mich gegen die Garagenwand, auf die er mit weißer Kreide ein großes Rechteck gezeichnet hat. Manchmal stellt sich ein Kind aus der Nachbarschaft davor und will Torwart spielen. Doch bisher hat Noah ausnahmslos alle weggejagt. Er braucht nämlich keinen Torwart, sondern Treffer.

Heute ist das natürlich anders.
Denn heute spielen Kevin und Dennis mit.
Der Baumstamm ist das Tor.
Zuerst spielt jeder gegen jeden.

Dennis hat eine Uhr mit einer Weckfunktion. Er stellt genau zehn Minuten ein. Sind die vorbei, fängt die Uhr an zu piepen. Wer bis dahin die meisten Treffer erzielt hat, gewinnt die erste Runde.
Die drei Jungen stellen sich auf den Baumstamm. Noah platziert sich in der Mitte und wirft mich in die Luft. Ich fliege im hohen Bogen über die Wiese. Noah, Kevin und Dennis springen vom Baumstamm herunter und rennen wie der Teufel hinter mir her.

Kevin ist der Schnellste. Er fängt mich mit der Brust ab und ich lande zwei Schritte vor ihm auf dem Boden. Im selben Moment kommt Noah herangerauscht. Ich hüpfe ihm genau vor die Füße und lasse mich von ihm zum Baumstamm zurücktreiben. Dennis und Kevin bleiben Noah dicht auf den Fersen und versuchen, mich ihm abzunehmen. Kurz vor dem Ziel legt Noah mich ein kleines Stück zu weit vor und muss jetzt noch einmal richtig Gas geben, um mich wieder einzuholen.

Dennis erkennt seine
Chance. Er zieht an Noah
vorbei und ballert mich
gegen den Baumstamm.
Dennis reißt die Arme hoch.
„Tor! Tor! Tor!“,
jubelt er.

„Das war reines Glück“, brummt Noah und tritt mich noch einmal gegen den Stamm. – Na, vielen Dank auch! Als ob ich etwas dafür könnte!
„Du hast Abstoß“, sagt er zu Dennis und läuft wieder auf die Wiese hinaus.
„Klar“, meint Kevin. „Der Schütze hat immer Abstoß.“
„Ihr solltet Noah lieber gewinnen lassen“, raune ich Dennis zu, als er mich in seine Hände nimmt. „Sonst ist der ganze schöne Spaß hier bald vorbei.“
Natürlich hört Dennis nicht auf mich. Man kann sich den Mund fusselig reden, diese Jungs machen ja doch immer, was sie wollen. Und so kommt es, wie es kommen muss: Noah erzielt zwar die nächsten

beiden Treffer, aber danach holen Dennis und Kevin auf. Dennis schießt mich noch ganze viermal gegen den Baumstamm und auch Kevin kickt mich dreimal dagegen.

Noah ist total sauer.
Er flucht und zetert.
„Das ist mein Ball!“, brüllt er.

„Ach so“, sagt Kevin und schüttelt den Kopf. „Und deshalb musst du automatisch gewinnen, oder was?“
Dennis tippt sich an die Stirn. „Wozu spielen wir überhaupt?“, wettert er. „Eigentlich können wir die Tore ja gleich so verteilen. Zwei für mich, drei für Kevin und vier für dich, Noah. Oder möchtest du lieber zehn?“
Keine Frage: Auch Dennis und Kevin sind ziemlich wütend.
Aber das scheint Noah nicht zu kümmern. Er ärgert sich vor allem über sich selbst. Denn er möchte der Beste sein, und zwar mindestens so gut wie Lukas Barrios von Borussia Dortmund.

„Du blöder Kackball!“, faucht er.
Er holt weit aus
und tritt mit voller Wucht gegen mich.
Ich sause weit über die Wiese weg
auf den See zu.
Platsch!, macht es
und ich lande mitten im Wasser.

„Mann, bist du doof oder was?“, höre ich Kevin rufen. „Womit sollen wir denn jetzt spielen?“
„Vielleicht können wir den Ball ja noch retten“, erwidert Dennis.
Ich vernehme trappelnde Schritte und kurz darauf tauchen die drei Jungen an der Uferböschung auf.

„Nee“, sagt Kevin. „Der ist schon zu weit weg.“ Hallo! – Ich glaub, ich hab Grasbüschel in den Nähten! Verzweifelt schaue ich Noah an. „Worauf wartest du denn noch?“, rufe ich. „Reiß dir die Klamotten vom Leib, stürze dich in die Fluten und rette mich, bevor mein schönes Leder völlig durchgeweicht ist!“

Doch was macht Noah?
„Egal“, sagt er.
„Der olle Ball taugt sowieso nichts mehr.
Ich kaufe mir einen neuen.
Und zwar gleich morgen!“

Es tut tausendmal mehr weh, als auf eine Legoburg gewummert zu werden. Ich fühle mich, als ob man ein Loch in mich hineingestochen hätte, so leer und schlaff wie ein schrumpeliger Luftballon. Niedergeschlagen lasse ich mich treiben. Das Seeufer entfernt sich allmählich, die Stimmen der Jungen werden immer leiser und verklingen schließlich. Ob ich Noah wohl jemals wiedersehen werde? – Ach, und wenn schon! Er will mich ja sowieso nicht mehr haben.
Die Wellen klatschen gegen mich und weichen meine Haut auf. Nicht mehr lange, und ich werde tatsächlich völlig durchnässt und nutzlos sein.

Dann wird es Abend.
Die Sonne färbt das Wasser rot.
Das sieht sehr schön aus,
aber es tröstet mich nicht.
Ich vermisse Noah schrecklich.

Plötzlich ändert sich die Strömung und ich treibe wieder in Richtung Ufer. Sofort schlägt mein Fußballherz ein paar Takte schneller. Aber schon bald merke ich, dass ich an einer ganz anderen Stelle viele Meter weit von der Baumstammwiese entfernt ankommen werde. Trotzdem bin ich froh, als die Wellen mich auf einen Haufen Zweige spülen, die am Seeufer liegen. Ich verfange mich darin und stelle mich darauf ein, dass ich hier wohl die Nacht verbringen werde. Na ja, denke ich, das ist immer noch besser, als mitten auf dem See herumzuschwimmen. Schließlich bin ich ein Fußball und kein Wasserball.

„Guck mal, Papa", ertönt da eine Stimme
von der Böschung herunter.
Ich linse nach oben und sehe
ein Mädchen auf mich zukommen.

Es ist so alt wie Noah, hat wilde dunkle Haare und haselnussbraune Augen. „Der arme Fußball!“, ruft es. „Den nehme ich mit nach Hause.“
Ehe ich protestieren kann, hat es mich bereits aus dem Wasser gefischt.
„Ach, Julia“, sagt der Mann, der nun neben ihm auftaucht. „Was willst du denn mit einem Fußball? Noch dazu mit einem, der womöglich tagelang im See gelegen hat!“
„Er sieht so traurig aus“, erwidert das Mädchen.
„Ja, weil er völlig durchnässt ist“, sagt sein Vater. „Das Beste wird sein, wenn wir ihn zu Hause in den Müllcontainer werfen.“

„Nein!“, rufen Julia und ich wie aus einem Mund.

„Schon gut, schon gut.“ Beschwichtigend hebt ihr Vater seine Hand. „Meinetwegen behalte ihn. Wenn es dich glücklich macht!“
„Ja, das tut es“, sagt Julia. „So einen Fußball wie diesen wollte ich schon immer haben.“
„Soso“, entgegnet ihr Vater. „Das hab ich ja gar nicht gewusst. Na ja“, fährt er lächelnd fort. „Wahrscheinlich willst du mal so berühmt werden wie Lukas Podolski oder Thomas Müller.“
„Quatsch!“, brummt Julia und sprintet die Böschung hinauf. „Wenn schon berühmt, dann natürlich so wie Birgit Prinz.“

Zu Hause wickelt Julia mich in ein weiches Handtuch. Darin verbringe ich die Nacht. Ich denke immerzu an Noah.

Am nächsten Tag ist Julia schon früh wach. Sie wickelt mich aus dem Handtuch und betrachtet mich von allen Seiten. „Du bist ja schon fast trocken“, stellt

sie mit einem zufriedenen Grunzen fest. Dann legt sie mich auf die Fensterbank. „Hier scheint den ganzen Vormittag die Sonne herein“, erklärt sie mir. „Wenn ich nachher aus der Schule komme, bist du bestimmt wieder ganz der Alte. Und dann können wir zusammen spielen.“ Dabei lässt sie ihre Finger zärtlich über meine Haut streichen.

In meinem Bauch fängt es an zu kribbeln, und auf einmal bin ich irre glücklich, dass Julia mich gefunden hat. Den lieben langen Vormittag lasse ich mir die Sonne auf den Lederpelz brennen und kann es kaum erwarten, dass Julia wieder nach Hause kommt.

Endlich ist es so weit.
Julia muss nur noch schnell
zu Mittag essen.
Dann packt sie mich,
klemmt mich unter ihren Arm
und flitzt mit mir nach draußen.

Es ist beinahe so wie mit Noah, nur viel sanfter. Julia besitzt auch ein Fahrrad, aber sie zwängt mich nicht auf dem Gepäckträger ein, sondern legt mich in einen gemütlichen Korb, der am Lenker befestigt ist.
„Weißt du was“, sagt sie. „Wir fahren zum See. Dorthin, wo ich dich gefunden habe.“

Das Fahrrad hüpft über einen Feldweg.
Julias dunkle Locken hüpfen
und ich hüpfe ebenfalls.

Ich kann es kaum erwarten, an den See zu kommen. Vielleicht … Nein! Stopp!, sage ich mir. Bloß nicht daran denken. Bei Julia ist es schließlich auch schön. Ich glaube, wir könnten einmal richtig gute Freunde werden.

Der Feldweg endet an einem Wäldchen. Julia lehnt das Fahrrad an einen Baum und dann gehen wir zu Fuß weiter. Julia legt mich sachte auf den Boden und kickt mich vor sich her.

Und dann erreichen wir die Uferböschung. Julia lässt sich auf einem flachen Stein nieder und nimmt mich zwischen ihre Hände.

„Eigentlich kann ich gar nicht richtig Fußball spielen“, gesteht sie mir. „Meine Freundinnen machen lieber andere Dinge und die Jungs geben sich nicht mit mir ab. Die denken, dass sie alles viel besser können. Dabei kenne ich keinen Einzigen, der auch nur ungefähr so gut spielt wie Birgit Prinz.“

„Ich auch nicht“, erwidere ich.
„Aber ich kenne Noah.
Der kickt ziemlich gut.
Fast so gut wie Lukas Barrios.“

Julia seufzt leise und betrachtet mich nachdenklich. „Du siehst immer noch total traurig aus“, murmelt sie. „Obwohl du inzwischen ganz trocken bist. Und sauber. Bestimmt findest du es mit mir allein ziemlich öde.“
„Nein“, beeile ich mich, ihr zu versichern. „Das ist doch völliger Blödsinn. Hier am See ist es so schön ruhig. Man kann das Schilf betrachten und den Segelbooten hinterherträumen. Für einen Fußball gibt es kaum etwas Interessanteres.“

Julia glaubt mir nicht.
Sie springt von ihrem Stein auf,
klemmt mich wieder unter ihren Arm
und spaziert weiter den Trampelpfad
am Ufer entlang.

Der Weg schlängelt sich durch struppiges Gras und dichte Sträucher hindurch. Spitze Zweige stechen in Julias und meine Haut, und ich will sie bereits zum Umkehren überreden, da lichtet sich plötzlich das Buschwerk und wir betreten eine große Wiese. Obwohl wir genau von der entgegengesetzten Seite kommen, erkenne ich sie sofort.
Es ist die Wiese, auf der gestern Nachmittag Noah, Kevin und Dennis mit mir gespielt haben. Julia steuert auf den dicken Baumstamm zu, steigt darauf und sieht sich um.

Am Seeufer steht ein Junge.
Es ist Noah!

Am liebsten würde ich aus Julias Arm springen und auf Noah zuhüpfen, doch Julia hält mich fest umklammert.
„Suchst du was?“, ruft sie zum See hinunter.
Noah wirbelt herum. „Ähm …“, stammelt er. „Nee, ähm … Eigentlich nicht.“
Wieder fühle ich einen stechenden Schmerz. Ich mag gar nicht zu Noah hinsehen.
„Hast du Lust, ein bisschen zu kicken?“, fragt Julia.
Noah kneift die Augen zusammen. „Mir dir?“
„Wieso nicht?“, erwidert sie schulterzuckend. „Ich hab es zwar noch lange nicht so gut drauf wie Birgit Prinz. Aber das liegt hauptsächlich daran, dass keiner mit mir üben will.“
„Hm“, macht Noah und kommt ein Stück näher heran. „Ich kann dir ein paar Tricks zeigen“, sagt er. „Wenn du willst …“

„Klar will ich“, erwidert Julia.
Sie springt vom Baumstamm herunter.
Und dann steht Noah genau vor ihr.
Er starrt mich an.
„Hast du den gesucht?“, fragt Julia
und hält mich genau vor Noahs Nase.

„Na jaaa …“, fängt er wieder an zu stammeln, „schon möglich, dass das meiner ist.“ Zögernd streckt er seine Hand aus und lässt seine Finger flüchtig über meine Lederhaut gleiten. Es fühlt sich wunderbar vertraut an. „Gestern habe ich mit meinen beiden Freunden hier gekickt …“
„… und den Ball versehentlich in den See geschossen?“, fällt Julia ihm fragend ins Wort.
„Na jaaa …“, druckst Noah weiter. „Vielleicht nicht ganz. Ich war ziemlich sauer, weil ich verloren habe, und da hab ich den Ball wohl ein bisschen zu fest geschossen.“

Das ist zwar nicht die ganze Wahrheit, aber ich will mal nicht so sein.
„Gegen mich verlierst du bestimmt nicht", sagt Julia. In ihren Nussaugen blitzt es schelmisch. Herausfordernd drückt sie mich gegen Noahs Brust.

„Na, los!", rufe ich. „Mach schon!
Pack mich endlich
und donner mich gegen den Baumstamm.
Ich kann es kaum erwarten."

Noah grinst ein bisschen schief. „Okay", sagt er, und dann greift er tatsächlich nach mir, und zwar so vorsichtig, als ob ich ein rohes Ei wäre. Er dreht sich von Julia weg, schmiegt mich kurz gegen seine Wange und raunt: „Tut mir leid, Kumpel. Soll nicht wieder vorkommen. Ich bin echt froh, dass sie dich gerettet hat."
Danach lässt er mich auf seinen Knien tanzen. Von dort hüpfe ich auf seine Schuhspitze und fliege zu Julia hinüber.
Die beiden treffen sich nun fast jeden Tag, manchmal sind auch Dennis und Kevin dabei.

Julia lernt rasend schnell.
Sie ist die geborene Kickerin.
Noah ist mächtig stolz auf sie.
Es macht ihm nichts mehr aus,
wenn er verliert oder mal ein Spiel ausfällt.
Und ich bin der glücklichste Fußball
auf der ganzen Welt.

Das große Kopfball-Quiz

Wie häufig hat die deutsche Fußball-Nationalmannschaft bisher die Fußball-WM gewonnen?

- 1-mal
- 5-mal
- 3-mal

Welcher deutsche Spieler war Torschützen-König bei der Fußball-WM 2010?

- Bastian Schweinsteiger
- Thomas Müller
- Mario Gómez

Wann fand die erste Frauen-Fußball-WM statt?

- 1991
- 1974
- 1930

Die magischen Fußballschuhe

Nach dem Mittagessen flitzte Tobias gleich in sein Zimmer hinauf und machte es sich auf seinem Lieblingsplatz zwischen den bunten Kissen in der Fensternische bequem. Von hier aus hatte er einen super Überblick über den Spielplatz und die Fußballwiese. Es war ein Freitagnachmittag im April, die Sonne schien und die Temperaturen erinnerten schon ein wenig an den Sommer. Bestimmt dauerte es nicht lange und Joris, Ben, Lilli, Maik und Nora kamen nach draußen gestürmt und versammelten sich in der Buschhöhle nahe der Wiese.
Lukas reckte den Kopf und ließ seinen Blick über die Spielgeräte gleiten. Blitzte da nicht etwas Rotes hinter dem Holztipi hervor?

Tobias hatte sich nicht verguckt.
Es waren tatsächlich Noras rote Locken.
Im nächsten Moment schoss sie
hinter dem Tipi hervor
und rannte zur Buschhöhle hinüber.
Nora war immer die Erste.

Mit klopfendem Herzen beobachtete Tobias, wie nun auch Joris, Ben, Lilli und Maik zwischen den Wohnhäusern hervortraten und in die Höhle abtauchten. Sie sahen äußerst wild und verwegen aus. Alle fünf hatten lange Haare. Sie trugen schwarze Noppenschuhe, ausgefranste Hosen, die ihnen bis zu den Waden reichten, und ihre roten T-Shirts mit dem MK–Wappen darauf.
MK war die Abkürzung für Magische Kicker und bisher hatten Lilli, Joris, Ben, Maik und Nora noch jede Fußballtruppe in der Siedlung geschlagen.
Tobias ließ sich in die Kissen zurücksinken und seufzte leise. Wie gerne wäre er einer von ihnen gewesen! Aber leider ließen sie ihn nicht mitspielen.

„Wir sind vollzählig“, hatte Joris gesagt.
„Wir brauchen keinen mehr.“
„Außerdem bist du nicht gut genug“,
hatte Lilli gemeint.

Dabei konnten sie das gar nicht wissen. Schließlich hatten sie Tobias noch nie spielen sehen. In Wahrheit lag der Hase nämlich ganz woanders im Pfeffer: Mit seinen kurzen Haaren sah Tobias einfach nicht wild genug aus für die Magischen Kicker. Das hatten sie sich nur nicht zu sagen getraut.

Heute dauerte es eine ganze Weile, bis Joris, Nora, Ben, Maik und Lilli aus ihrer Buschhöhle heraustraten. Mit langen Schritten stapften sie zur Fußballwiese hinüber. Joris trug zwei lange Holzstäbe unter dem Arm, um die weißer Stoff gewickelt war. Neugierig drückte Tobias seine Nase an die Fensterscheibe. Was hatten die Magischen Kicker wohl vor?

Nora trat auf Joris zu und nahm ihm einen der Stäbe aus der Hand. Gemeinsam wickelten sie den weißen Stoff ab und entfalteten ein großes Transparent. Darauf stand in großen, blutroten Buchstaben:

Tobias' Herzschlag setzte aus. Wenn das nicht seine Chance war! Mit einem Satz sprang er auf die Füße, stürzte zur Tür und rannte die Treppe in den Flur hinunter.

Hastig schlüpfte Tobias
in seine Sportschuhe.
„Du hast es aber eilig", sagte Mama.
„Wo willst du denn hin?"
„Raus", erwiderte Tobias knapp.
„Drück mir mal die Daumen."
„Gern." Mama lächelte. „Und wofür?"

Tobias konnte nicht mehr antworten, denn er war bereits durch die Haustür geschlüpft. Mit klopfendem Herzen lief er an dem großen Klettergerüst vorbei auf die Fußballwiese zu.
Dort hatten sich in der Zwischenzeit bereits mindestens zwanzig Jungen und Mädchen um die Magischen Kicker und ihr Transparent geschart.
„Wieso braucht ihr plötzlich noch mehr Spieler?“, fragte Christian, der auf der anderen Seite des Spielplatzes wohnte.

Joris kniff die Augen zusammen.
„Wir brauchen nur einen einzigen“,
brummte er.
Ben nickte. „Und zwar den besten!“

„Die Unschlagbaren haben uns herausgefordert“, fuhr Lilli finster fort. „Sie sind ein Jahr älter als wir. Und sie spielen zu sechst.“
Ein Raunen ging durch die Kindermenge. Einige fingen an, miteinander zu tuscheln. Natürlich wusste jeder hier, wer die Unschlagbaren waren: sechs neunjährige Jungen, die auf der anderen Seite der Hauptstraße wohnten und bereits alle Fußballmannschaften aus ihrer Siedlung besiegt hatten.

„Ach, das sind doch bloß Bolzer“, rief Sabrina. „Die haben überhaupt keine Ahnung von Technik.“
„Ganz genau“, erwiderte Maik. „Sie haben alle Spiele gewonnen, indem sie ihre Gegner niedermähten. Wir Magischen Kicker werden sie mit unseren technischen Tricks überrumpeln und schlagen!“
„Sie sind doch viel stärker als ihr“, wandte Christian kopfschüttelnd ein. „Die machen euch genauso platt wie alle anderen.“

Joris, Maik, Lilli, Ben und Nora streckten ihre geballten Fäuste in die Luft.
„Wetten nicht?“, rief Ben.
„Wetten, dass wir gewinnen?“

„Schön wär’s“, brummte Christian. „Leider glaube ich nicht mehr an den Weihnachtsmann.“ Er machte eine wegwerfende Handbewegung und trollte sich in Richtung Wohnblocks.
Lilli reckte provozierend ihr Kinn heraus. „Seid ihr auch solche Feiglinge?“, rief sie, während sie ihren Blick über die Jungen und Mädchen gleiten ließ. „Na los!“, forderte sie sie auf. „Wer traut sich, mit uns gegen die Unschlagbaren anzutreten?“

„Ich“, sagte Tobias. Er zwängte sich zwischen den Kindern hindurch und trat mit hoch erhobenem Kopf vor Lilli hin.

Joris und Nora musterten ihn abfällig und Maik rief: „Wer noch?“
Sabrina und Phillip meldeten sich.
„Na, dann zeigt mal, was ihr draufhabt“, sagte Joris und kickte Phillip den Ball vor die Füße.

Dann sah er Tobias an.
„Du nicht“, sagte er finster.
„Du passt nicht zu uns.
„Du hast ja nicht mal
richtige Fußballschuhe.“

Tobias schluckte. Schnell drehte er sich weg, damit die Magischen Kicker nicht merkten, wie ihm die Tränen in die Augen stiegen.
„Mach dir nichts draus“, raunte Annika ihm zu. „Die blähen sich doch nur auf. Am Ende verlieren sie sowieso.“ Sie hielt ihm ihre Hand hin. „Sollen wir wetten?“
„Nee“, sagte Tobias. Er wollte nicht wetten. Und er wollte auch nicht getröstet werden. Er wollte nur noch weg von hier. Mit gesenktem Kopf lief er am Spielplatz vorbei nach Hause und drückte auf die Klingel.

Mama öffnete sofort.
„Nanu?“, wunderte sie sich.
„Da bist du ja schon wieder!

Hast du niemandem zum Spielen gefunden?“
„Nee“, sagte Tobias. Er zerrte sich die Sportschuhe von den Füßen und pfefferte sie unter die Garderobe. „Ich habe nämlich keine richtigen Fußballschuhe.“ Und keine langen Haare, fügte er in Gedanken hinzu, während er nach oben in sein Zimmer flitzte. Diesmal hockte er sich nicht in die Fensternische. Er hatte nämlich nicht die geringste Lust, mit anzusehen, wen die Magischen Kicker in ihre Mannschaft wählten:

Phillip oder Sabrina. Eigentlich konnte Tobias beide gut leiden. Er gönnte es ihnen von Herzen, bei den Magischen Kickern mitzuspielen, er war bloß sauer, dass Joris, Maik, Nora, Ben und Lilli ihm keine Chance geben wollten. Das Spiel gegen die Unschlagbaren würde Tobias sich bestimmt nicht ansehen. Und den Magischen Kickern die Daumen drücken würde er schon gar nicht.

Sollten sie doch verlieren!

Sie hatten es nicht anders verdient.

In dieser Nacht begegnete Tobias einer Fee. Sie hatte wilde rote Locken und trug ein lilafarbenes T-Shirt und eine ausgefranste Hose. „He, Tobias“, sagte sie, baute sich vor ihm auf und blies sich eine lange Ponylocke aus der Stirn. „Du hast einen Wunsch frei.“

„Willst du mich veräppeln!“, rief Tobias.
„Du bist keine Fee. Du bist Nora.“
„Wenn du meinst“, brummte die Fee.
„Dann geh ich eben zu Sabrina.“

„Moment mal …“ Jetzt war Tobias doch neugierig geworden. „Heißt das, ihr habt Phillip in eure Mannschaft gewählt?“
„Was meinst du damit?“, fragte die Fee.
„Na, die Magischen Kicker … die haben doch einen Mitspieler gesucht“, brachte Tobias hervor.
Die Fee schüttelte unwillig ihre orangefarbenen Locken. „Ich kann Fußball nicht ausstehen“, behauptete sie.

„Und es ist mir völlig egal, ob ich dir einen Wunsch erfülle oder Sabrina oder …“
„Schon gut!“, rief Tobias. Plötzlich hatte er Angst, dass sie einfach wieder verschwinden würde, wenn er sie mit allzu vielen Fragen löcherte. „Ich wünsche mir …“

Lange Haare …
oder doch lieber richtige Fußballschuhe?
Tobias konnte sich nicht entscheiden.
„Ich warte“, sagte die Fee
und trommelte ungeduldig mit den Fingern
auf dem Nachttisch herum.

„Okay, okay, okay“, stammelte Tobias. Die Haare konnte er sich wachsen lassen. Das dauerte zwar eine Weile, aber Fußballschuhe waren sehr teuer. Bestimmt würde Mama dafür kein Geld ausgeben wollen.
„Richtige Fußballschuhe mit Noppen!“, rief er also.
„Wie du meinst“, brummte die Fee.
Plopp!, machte es und schon hatte sie sich in Luft aufgelöst.

Als Tobias am nächsten Morgen aufwachte und sich in seinem Bett wiederfand, war er schrecklich enttäuscht. Die Geschichte mit der Fee hatte er also bloß geträumt.

Schöner Mist!
Tobias schlug die Decke zurück
und tappte zur Tür.
Sie stand einen Spaltbreit offen.

Komisch, dachte Tobias. Gestern Abend habe ich sie doch zugemacht. Na ja, bestimmt hatten Mama und Papa vor dem Schlafengehen noch mal nach ihm gesehen und danach die Tür nicht wieder richtig geschlossen.

Tobias umfasste die Klinke
und zog die Tür ganz auf.
Er stutzte.
Was war denn das?

Auf dem Flickenteppich im Flur lag eine feuerrote Schachtel. Sie sah aus wie ein Schuhkarton. Tobias'

Herz fing an zu klopfen. Das kann nicht sein, dachte er. Das ist ganz und gar unmöglich. Zögernd griff er nach der Schachtel, hob den Deckel an und lugte vorsichtig hinein.

„Mama!", schrie er und ließ sie vor Schreck wieder fallen. Feuerrote Fußballschuhe mit roten Noppen und Schnürsenkeln purzelten heraus und landeten neben der Schachtel und ihrem Deckel auf dem Boden.

„Tobias?", rief Mama von unten herauf. „Was ist passiert?"

„Ähm … nix", murmelte Tobias.

Er ließ sich auf dem Flickenteppich nieder, ergriff einen der beiden Fußballschuhe, drehte und wendete ihn in seinen Händen und betrachtete ihn von allen Seiten. Feiner Ledergeruch stieg ihm in die Nase. Der Schuh fühlte sich einfach wunderbar an. Kurz entschlossen schlüpfte Tobias hinein. – Er passte wie angegossen. Als hätte man ihn extra für ihn gemacht. Auf der Treppe ertönten Schritte und kurz darauf tauchte Mamas besorgtes Gesicht auf.

„Ist alles in Ordnung?“, fragte sie.
Tobias nickte.
„Ja“, murmelte er.
„Heute Nacht ist eine Fee hier gewesen.
Sie hat mir Fußballschuhe geschenkt.“

„Soso, eine Fee“, erwiderte Mama lächelnd. „Und ich dachte, die gibt es nur im Märchen.“
„Ich eigentlich auch“, erwiderte Tobias. Plötzlich konnte er es kaum noch erwarten, nach draußen zu gehen und die neuen feuerroten Fußballschuhe auszuprobieren. Doch zuerst musste er ins Bad, sich den Schlaf aus den Augen waschen und die Zähne putzen. Tobias machte so schnell er konnte.
Danach schlüpfte er in seine Sachen. Dummerweise besaß er kein rotes T-Shirt, denn das hätte fabelhaft zu seinen neuen Fußballschuhen gepasst. Komisch eigentlich, dass Mama die Sache mit der Fee so einfach geschluckt hatte!
Als Tobias in die Küche kam, saßen seine Eltern bereits am Frühstückstisch. Stolz zeigte Tobias Papa seine neuen Fußballschuhe.
„Die sind wirklich toll“, sagte Papa und zwinkerte Tobias zu. „Ich wünschte, in meiner Jugend hätte es auch Feen gegeben.“

Tobias beeilte sich mit dem Frühstück.
Hastig trank er eine Tasse Kakao
und futterte ein Brot mit Salami.
Dann schnappte er sich seinen Lederball,
zog die feuerroten Fußballschuhe an
und flitzte nach draußen.

Die Sonne schien, die Luft war wunderbar warm und auf dem Spielplatz herrschte bereits Hochbetrieb. Auf den Bänken saßen Mamas und Papas mit gut gefüllten Picknickkörben und auf den Spielgeräten kraxelten unzählige Vier-und Fünfjährige herum.

Mit langen Schritten lief Tobias am Klettergerüst vorbei zur Fußballwiese. Hier war noch überhaupt niemand. Tobias konnte also ganz in Ruhe üben.

Zuerst rannte er einmal um die Wiese.
Die Schuhe waren super.

Sie fühlten sich leicht und fest zugleich an. Außerdem kam es Tobias so vor, als ob er darin besonders schnell rennen konnte. Seine Füße waren flink und wendig und trieben den Ball mal mit dem Außen- und dann wieder mit dem Innenrist voran. Anschließend balancierte er das Leder abwechselnd auf den Knien und den Schuhspitzen und brachte es fertig, den Ball auf diese Weise über eine Minute in der Luft zu halten. Auch der Hackentrick funktionierte einwandfrei.

„Bravo!“, rief da eine Stimme vom Spielplatz herüber.

Tobias wirbelte herum.
Neben dem Klettergerüst stand Annika und klatschte in die Hände.

„Du bist viel besser als Phillip und Sabrina!“, rief sie, während sie auf ihn zugelaufen kam. „Ich finde es gemein, dass sie sich nicht einmal angeschaut haben, was du draufhast.“
Tobias zuckte mit den Schultern. „Ach, ist doch egal“, meinte er. „Vielleicht sind ihnen meine Haare zu kurz.“
„Hm“, machte Annika. „Also, ich finde, du siehst nett aus.“
Tobias senkte den Kopf. Verlegen trat er von einem Fuß auf den anderen. „Darauf kommt es beim Fußball nicht an“, krächzte er.
„Eben“, sagte Annika. „Deshalb ist es ja so unfair, dass die Magischen Kicker dir keine Chance geben wollten.“ Sie stupste Tobias ihren Ellenbogen in die Seite. „Dabei hast du supercoole Schuhe. Ich wette, Joris wird gelb vor Neid, wenn er sie sieht.“

„Jaaa … wenn“, brummte Tobias.
„Wieso denn nicht?“, fragte Annika.

„Weil ich sofort die Biege mache, wenn er, Lilli, Maik, Ben oder Nora hier auftauchen“, sagte Tobias. „Und zum Spiel gegen die Unschlagbaren gehe ich auch nicht.“
„Schade.“ Annika sah ihn treuherzig an. „Dann bist du nämlich der Einzige.“
„Na und?“, knurrte Tobias. „Wen haben sie eigentlich ausgewählt?“, erkundigte er sich zögernd.
„Sabrina“, kam es wie aus der Pistole geschossen von Annika. „Sie ist schneller als Phillip und sie schlägt gute Flanken. Ich an Joris Stelle hätte trotzdem beide genommen“, fuhr sie fort. „Jetzt haben sie nämlich keinen zum Wechseln.“
„Die Unschlagbaren doch auch nicht“, entgegnete Tobias.
„Doch“, sagte Annika. „Die Unschlagbaren laufen neuerdings sogar mit zwei Ersatzspielern auf.“

An diesem Abend konnte Tobias nicht einschlafen. Sabrinas Worte kreisten wie ein Raupenkarussell in seinem Kopf herum. Vielleicht sollte er ja doch zu dem Spiel gehen – und seine feuerroten Fußballschuhe mitnehmen. Was hatte er schon zu verlieren? Im Gegenteil: Wenn er als Einziger nicht zuschaute, stellte er sich doch nur selbst ins Abseits.

Nach dem Frühstück radelte Tobias los.
Das Spiel fand auf dem Sportplatz
in der Nachbarsiedlung statt.
Unterwegs traf Tobias
auf Annika und Christian.

„Ich hoffe, dass die Magischen Kicker so richtig eins drauf bekommen", sagte Christian. „Die sind nämlich schon fast genauso eingebildet wie die Unschlagbaren."
Annika lachte auf. „Fast?" Sie tippte sich an die Stirn. „Also, ich finde, die sind sogar noch viel angeberischer."
„Und deshalb wollt ihr ihnen nicht die Daumen drücken?", fragte Tobias erstaunt. „Und stattdessen zu den Unschlagbaren halten?"

„Mal sehen“, brummte Christian.
„Kommt drauf an, wie sie spielen.“
Tobias trat fest in die Pedale.

Plötzlich war er schrecklich aufgeregt. Wenn sie pünktlich zum Anpfiff am Platz sein wollten, mussten sie sich sputen. Annika und Christian gaben jetzt ebenfalls richtig Gas und so kamen sie mächtig außer Puste in der Nachbarsiedlung an.
Auf dem Sportplatz war ganz schön was los. Offenbar wollten sich die Jungen und Mädchen aus der Umgebung dieses Spiel nicht entgehen lassen. Sogar ein paar Erwachsene waren gekommen. Viele schwenkten selbst gebastelte Fähnchen und einige hatten Tröten dabei, mit denen sie ordentlich Lärm machten.
Der Schiri war der ältere Bruder des Kapitäns der Umschlagbaren.
„Das ist unfair“, sagte Tobias.
Annika, Christian und er hatten ihre Räder an den Zaun gelehnt und neben dem Tor der Magischen Kicker noch einen freien Platz am Spielfeldrand ergattert.
„Dann hältst du also zu den Kickern“, sagte Christian.

„Vielleicht“, brummte Tobias.
Irgendwie schon, dachte er bei sich.

Dann ertönte der Anpfiff und das Spiel begann. Die Unschlagbaren waren fast alle einen Kopf größer als die Magischen Kicker. Außerdem hatten sie keine Mädchen in ihrer Mannschaft und viel stärker als Lilli, Ben, Maik, Nora, Joris und Sabrina waren sie auch. Wie die Dampfwalzen rollten sie über den Platz und erzielten gleich in den ersten fünf Minuten zwei Tore.
„Das wird ja nie was“, brummte Christian.
„Sag ich doch die ganze Zeit schon“, erwiderte Annika. Tobias hörte gar nicht richtig hin. Wie gebannt starrte er aufs Spielfeld.
Eigentlich spielten die Magischen Kicker viel besser als die Unschlagbaren. Sie waren flink und wendig, schlugen astreine Pässe und Flanken und wussten sehr geschickt mit dem Ball umzugehen. Aber auch die Unschlagbaren hatten einige Tricks auf Lager. Vor allem, wenn es darum ging, unauffällig zu foulen oder sich hinfallen zu lassen, sobald einer der Magischen Kicker ihnen den Ball abgenommen hatte. Und der Schiri pfiff immer für sie. Joris, Lilli, Ben, Maik, Nora und Sabrina sahen keine Sonne.

Doch sie gaben nicht auf.
Unermüdlich kämpften sie um den Ball
und trieben ihn in die Hälfte des Gegners.
Und dann endlich:
Kurz vor dem Halbzeitpfiff fiel das 1 zu 2.
Die Magischen Kicker jubelten,
aber die Unschlagbaren waren stinksauer

und in der zweiten Halbzeit gaben sie richtig Gas. Sie kämpften wie die Löwen, zerpflügten mit ihren Stollenschuhen den Rasen und hielten Maik, der im Tor stand, mächtig unter Beschuss. Doch sie hatten kein Glück. Mal trafen sie den Pfosten oder die Latte, dann wieder schossen sie vorbei oder Maik wehrte den Ball erfolgreich ab. Die Magischen Kicker warteten auf ihre Konterchance, allerdings schwanden ihnen allmählich die Kräfte. Nora humpelte, weil einer der Unschlagbaren ihr auf den Fuß getreten war, und Ben war ebenfalls sichtlich am Ende.
Die Unschlagbaren wechselten zweimal ihre Spieler aus, sodass sie immer wieder neuen Auftrieb bekamen und nie ganz aus der Puste gerieten. Ein drittes Tor erzielten sie trotzdem nicht.
Kurz vor Spielende stürzte Ben und stand nicht mehr auf.

Der Kapitän der Unschlagbaren grinste hämisch. „Tja, jetzt müsst ihr wohl zu fünft weiterspielen“, spottete er. „Ihr habt ja leider keinen Ersatzspieler dabei.“

„Wer behauptet das?“, fragte Joris.
Mit langen Schritten kam er auf Tobias zu.
Tobias’ Herz klopfte wie verrückt.

Und seine Füße kribbelten, als ob er in einem Ameisenhaufen stand.
„Na komm schon“, sagte Joris. Er hob seine Hand und Tobias schlug ein.
Annika und Christian stürzten aufs Spielfeld, halfen Ben auf die Beine und schleppten ihn ins Seitenaus.
Die letzten fünf Minuten liefen und Tobias wuchs geradezu über sich hinaus. In den neuen Schuhen war

er so schnell wie eine Rakete und seine Schüsse waren punktgenau und kraftvoll. Und das gab den Magischen Kickern noch einmal richtig Auftrieb.
Nora und Sabrina sorgten dafür, dass die Unschlagbaren nicht mehr in Tornähe kamen, und Joris und Tobias gaben sich alle Mühe, den Ball in den eigenen Reihen zu halten.

Und dann passierte es:
Ein Abwehrspieler der Unschlagbaren
passte einen Moment nicht auf.
Lilli rannte sich frei.
Tobias flankte ihr den Ball zu
und Lilli donnerte ihn ins Netz.

Der Jubel am Spielfeldrand war unbeschreiblich und das brachte die Unschlagbaren endgültig aus dem Plan. Wie verirrte Maulwürfe eierten sie über den Platz. Und das war Tobias' große Chance. Er ergatterte den Ball und hob ihn lässig über einen Gegenspieler hinweg, Dann gab er richtig Gas, nahm den Ball wieder auf und katapultierte ihn ins Tor. Triumphierend riss Tobias die Arme hoch. Joris, Lilli, Sabrina und Nora stürzten sich auf ihn.

Das Publikum tobte.

Dann ertönte der Schlusspfiff.

Es stand 3 zu 2 für die Magischen Kicker.

Die Unschlagbaren waren nicht mehr unschlagbar. Und Tobias gehörte endlich dazu. „Ich lass mir auch die Haare wachsen“, versprach er.
„Ach Quatsch“, meinte Nora. „Du bist schon in Ordnung.“
Joris schlug ihm auf die Schulter. „Auch ohne deine neuen Schuhe. Obwohl die echt cool sind“, fügte er zwinkernd hinzu. „Fast schon ein bisschen magisch.“

Die besten Fußball-Sprüche

"Wir müssen jetzt die Köpfe hochkrempeln – und die Ärmel auch." **Lukas Podolski**

"Ich will jeden Ball versenken. Zu Hause im Garten und auch in jedem Bundesliga-Spiel."
Mario Gómez

"Ich dachte, der Torwart darf im Strafraum die Hände benutzen." **Oliver Kahn**

"Ich habe zu meiner Mannschaft gesagt: Stürmen. Sie haben wohl Türmen verstanden." **Aleksandar Ristic**

„Die Schweden sind keine Holländer – das hat man ganz genau gesehen."
Franz Beckenbauer

Lösungen

Seite 40

AN**G**RIFF

T**O**RJÄGER

ELF**M**ETER

PFOST**E**N

ZUSCHAUER

Seite 66

3-mal

Thomas Müller

1991

Erst ich ein